John Truman

Affiliate Marketing Desde Cero

La mejor forma de ganar dinero por Internet.

Affiliate Marketing Desde Cero

Affiliate Marketing Desde Cero

La Mejor Manera de Ganar Dinero por Internet.

© 2021 – Derechos reservados a nivel mundial.

John Truman

Índice

Renuncia de Responsabilidad / Notificación legal. 6
Introducción al Affilate Marketing 7
¿Cuánto se puede ganar como comercializador afiliado? 10
¿Qué tan rápido te pagan? 11
Selección de productos para promover 12
AirTm 12
Amazon 14
Clickbank 15
JVZoo 16
PayDotCom 17
WarriorPlus 17
Selección de Productos 18
¿Cuál es la comisión porcentual - y cuánto equivale realmente por venta? 22
Comisiones recurrentes de los afiliados 23
¿Cómo es la página de ventas? 23
El Dinero en la Lista 24
Cómo construir una lista de correos (o de WhatsApp). 24
Adswaps 29
¿Dónde puedo comprar listas o encontrar adswaps? 30
Publicaciones de Revisión de Blog 38

Renuncia de Responsabilidad / Notificación legal.

La información presentada en este libro representa las opiniones del escritor a la fecha de publicación. El escritor se reserva el derecho de alterar y actualizar sus opiniones en base a las nuevas condiciones que vayan surgiendo. Este libro es solo para propósitos informativos. El autor y el editor no aceptan ninguna responsabilidad por cualquier responsabilidad que resulte del uso de esta información y recomendaciones. Aunque se ha hecho todo lo posible para verificar la información proporcionada aquí, el autor y el editor no pueden asumir ninguna responsabilidad por errores, inexactitudes u omisiones.

Ninguna similitud con personas o hechos es intencional. Ninguna parte de este Libro puede ser reproducida o transmitida de ninguna forma, electrónica o mecánica, incluyendo fotocopias, grabaciones o por cualquier sistema de almacenamiento o recuperación de información sin el permiso expreso, escrito, fechado y firmado del editor.

John Truman

Introducción al Affilate Marketing

El Affiliate Marketing (Mercadeo de Afiliaciones) es una forma "evergreen" (perenne) de ganar dinero en línea. Las estrategias de mercadeo y las modas van y vienen, pero el Affiliate Marketing sigue generando ingresos constantemente y por buenas razones.... se puede ganar mucho dinero como con el Affiliate Marketing si se sabe lo que se hace, y es relativamente fácil empezar.

El Affiliate Marketing consiste básicamente en promocionar productos de otros por medio de enlaces, es decir es mercadeo digital. Desde luego, no es la única forma de ganar dinero por internet pero es una de las más fáciles, constantes, baratas y con menos riesgos.

Afiliado, es el que gana dinero por promocionar productos que no ha comprado, básicamente productos mostrados en una página web, y que gana comisiones por cada vez que alguien compre por sus recomendaciones. En el Affiliate Marketing, Mercadeo de Afiliaciones promocionas los productos de otras personas utilizando tu enlace de afiliado único (pueden ser productos o servicios digitales o físicos) y luego recibes una comisión cada vez que alguien a quien has recomendado compra algo. Algunos ejemplos populares son Amazon, eBay, Walmart, Clickbank, target, Airtm y Payoneer, (estos dos últimos de productos financieros.

En este libro vamos a hablar de algunos de estos programas de Affiliate Marketing. El proceso es sencillo, tú te afilias y luego consigues una opción que dice algo así como crear mi enlace para recomendar el servicio y la web te crea un enlace único a través del cual las personas pueden afiliarse a la plataforma, cada vez que alguien se suscribe a dichas plataformas a través de tu enlace, o realiza transacciones, tú estás ganando dinero. A través de esta fórmula y precisamente en dichas plataformas el autor a genera ingresos perennes y crecientes.

Una de las ventajas del Affiliate Marketing es que no tienes que comprar nada, no tienes que empacar nada, almacenar ni enviar por ningún servicio de correo físico.

El proceso puede resumirse así: te inscribes en un programa de Affiliate Marketing, como los mencionados arriba, que no son los únicos, hay infinidad de programas de afiliados. El programa te genera un enlace único para promocionar y listo, compartes en enlace y cada vez que alguien compra el producto tú ganas comisiones. Inversión 0$.

Los lugares más comunes para promocionar estos productos son las redes sociales y youtube. Puedes promocionar todos los productos que desees.

Si quieres probar con Airtm puedes afiliarte con mi enlace: ya.co.ve/miairtm allí sigue las instrucciones, luego de que estés afiliado vas a "invitar a tus amigos" y allí escoges "copiar enlace" ese enlace, que después puedes personalizar, es el que vas a compartir con otras personas para que se afilien, por su puesto debes junto con el enlace crear un texto seductor y llamativo que invite a afiliarse. En Venezuela, por ejemplo y cualquier país donde dicha página esté bloqueada puede usarse a través de un vpn, hay muchos videos de youtube que enseñan a instalar y usar un vpn para poder ingresar a páginas bloqueadas, es realmente muy fácil.

Para personalizar el enlace te recomiendo ya.co.ve.

¿Qué es personalizar el enlace? Es darle una apariencia (máscara) conveniente por fácil de memorizar o que tenga tu nombre o marca, por ejemplo un enlace personal sería ya.co.ve/tunombrepropio o ya.co.ve/tremendonegocio, etc, a tu imaginación, siempre y cuando el nombre esté disponible. En ya.co.ve hay muchos nombres interesantes disponibles.

Una de las ventajas del Mercadeo de Afiliaciones es que no tienes que preocuparte por cosas como la creación o compra de productos, y no tienes que invertir cuando te conviertes en un vendedor de afiliaciones, simplemente te inscribes solicitas tu enlace para recomendaciones del producto o servicio y listo. Puedes elegir invertir dinero en la promoción de tus enlaces (a través de las redes sociales por ejemplo), por supuesto, pero eso es totalmente opcional, yo lo hago en mis estados de WhatsApp, grupos y redes sociales (gratis), y me ha dado resultado.

El Mercadeo de Afiliaciones funciona porque resuelve dos problemas claves de una sola vez:

1. Los vendedores de los productos o servicios siempre necesitan más clientes y por eso utilizan a los afiliados para ayudarse a encontrarlos.

2. Las personas que no tienen productos propios para vender pueden promover los productos o servicios como afiliados e instantáneamente tienen algo que vender con muy poco esfuerzo.

La empresa además gana porque un buen porcentaje de los afiliados se convierten también en vendedores de afiliaciones. Cualquier vendedor exitoso tendrá sus propios productos y promoverá los de otras personas también. Pero si acabas de empezar, puedes comenzar siendo un afiliado solamente y luego pasar a crear y vender tus propios productos a medida que vayas adquiriendo experiencia.

Otra forma de promocionar los productos es a través de videos en los cuales harás la reseña del producto que estás promocionando, bien sea un libro, un curso, un programa de entrenamiento o lo que sea. Para ello por supuesto debes conocer el producto y hablar de él en el video señalando sus debilidades pero sobre todo resaltando sus fortalezas. En el texto del video, que podrás promocionar por youtube, Instagram o Facebook colocarás tu enlace de afiliado para que las personas vayan y compren el producto.

¿Cuánto se puede ganar como comercializador afiliado?

Las comisiones de los promotores de afiliaciones afiliados están entre el 1% y el 100% del precio de compra, en el caso de AirTm la afiliación es gratuita, pero cada vez que los afiliados referidos por ti realizan una transacción, un porcentaje de las comisiones que genera son para tu bolsillo, también te premian cada vez que alguno de tus afiliados completa una meta propuesta por ellos.

Lo común es que los productos físicos paguen un porcentaje de comisión más bajo mientras que los productos digitales como los libros electrónicos, servicios financieros y los cursos pagan una comisión más alta. Esto se debe simplemente a que el vendedor digital tiene muy pocos costos involucrados en el manejo de su negocio y por lo tanto puede darse el lujo de ser más generoso con sus comisiones.

Además, los vendedores digitales tienden a tener otros productos dentro de su abanico de opciones, y lo que "pierden" por un lado lo ganan por otro. Por ejemplo, pueden ofrecerte el 100% de comisión en el producto básico, pero eso puede venderse sólo por 5 dólares, por ejemplo, mientras que su producto completo, con todas las opciones puede venderse por 97 dólares, de manera que no les importa darte los 5$ completos del producto básico cuando saben que un porcentaje x de los compradores, pasarán luego al siguiente nivel (el del producto completo por 97%).

En este caso puede que sólo te ofrezcan el 25% de comisión en el producto "back-end" o incluso nada. Básicamente, están utilizando el producto "front-end" para atraer al mayor número de personas a su embudo de ventas, y ofrecer una comisión del 100% a los afiliados es una forma clave de ayudarles a hacerlo.

¿Qué tan rápido te pagan?

Algunos productos ofrecen comisiones instantáneas que se pagan directamente en tu cuenta de Paypal en cuanto se realiza la venta. Otros programas de afiliación te hacen esperar hasta el final de un período determinado (por ejemplo, un mes) antes de pagarte, y a veces se tienen en cuenta cosas como los períodos de reembolso. Después de todo, los vendedores de productos no quieren pagarte una comisión que luego tengan que reembolsar, porque obviamente saldrían perdiendo, nada de esto ocurre con AitTm por ejemplo.

Si eres nuevo en el Mercadeo de Afiliaciones, te preguntarás cómo saben los vendedores de productos qué afiliado les ha enviado el referido, ya que pueden tener cientos de afiliados diferentes promocionando los mismos productos. La respuesta es simple, a cada afiliado se le da un enlace diferente para que lo use. Estos enlaces son rastreados por cookies, así que siempre saben exactamente quién les envió el nuevo afiliado y cuándo. En muchos casos las cookies pueden durar meses, así que incluso si envías a alguien al sitio web del vendedor y no hace una compra inicialmente, pero regresa 3 meses después y compra algo, aun así te pagarán. Bastante bueno, ¿no?

Selección de productos para promover

En el Mercadeo de Afiliaciones no hay escasez de productos y servicios para promocionar, ya sea que te interese lo digital o lo físico. Con respecto a esto muchos se preguntan... ¿Es mejor promover productos físicos o digitales como libros electrónicos, cursos, videos, etc.?

Hay ventajas y desventajas para ambos, y dependerá de cosas como dónde están tus intereses particulares y en qué nicho estás. Por ejemplo, si estás en uno de los nichos de pasatiempos y recreacional, probablemente no encontrarás escasez de productos físicos para promocionar, pero si estás en un nicho como el de la comercialización por Internet, entonces lo digital podría ser el camino a seguir. Particularmente prefiero los productos digitales porque a menudo pagan comisiones más generosas y a menudo inmediatamente - y en eso nos vamos a concentrar principalmente en este libro. Sin embargo, si estás en un nicho como la dieta o la pérdida de peso, por ejemplo, entonces podría haber una oportunidad para ti para promover tanto los productos digitales como los físicos.

Ahora voy a presentarte algunas opciones y hablar de los beneficios y desventajas de cada una.

AirTm

AirTm (ya.co.ve/miairtm) es una plataforma que te permite recibir dinero desde cualquier país (no importa dónde estés) y opcionalmente, convertirlo en la moneda de tu país. El dinero lo recibes en dólares electrónicos, y luego haces lo que ellos llaman retiro transformándolos a tu moneda en tu cuenta bancaria en tu país en cualquier banco donde tengas cuenta o los transfieres a cualquier lugar del mundo en dólares (a otra cuenta AirTM) o lo gastas directamente desde la plataforma (hay comercios que aceptan AirTM).

Para abrir la cuenta es gratuito y lo haces a través del siguiente enlace: ya.co.ve/miairtm, algunas cosas que te permitirá tu cuenta:

- Recibir dinero desde cualquier parte del mundo y gastarlo en dólares a través de la plataforma Airtm o descargarlo a tu cuenta en tu moneda.

- Enviar dinero a cualquier parte del mundo para hacer pagos, remesas o donaciones. Supón que tienes que enviar 100$ a tu hija que está en Argentina, España, o cualquier otro país pero lo que tienes es tu moneda nacional. Airtm te permite subir saldo en moneda nacional desde tu cuenta en tu país a tu Airtm (te llegará en dólares) y de allí traspasárselo gratuitamente a la cuenta Airtm de tu hija, en cualquier lugar del mundo donde se encuentre. Al recibir ella en su cuenta Airtm los dólares que le enviaste, la plataforma le da la opción de gastarlos directamente o descargarlos en efectivo en cualquier cuenta bancaria del país donde viva.

- Recargar tu paypal. Si necesitas hacer un pago por paypal pero no tienes suficiente saldo con Airtm puedes subir el dinero desde tu cuenta bancaria en tu país a tu plataforma Airtm y de allí descargarglo a tu cuenta paypal.

- Convertir tu saldo paypal en moneda nacional: ¿Tienes saldo paypal pero necesitas hacer mercado y en el super no te aceptan paypal? La solución es subir el dinero de paypal a Airtm (fondear) y de allí descargarlo en tu cuenta bancaria en tu país (retirar).

Pagar con Zelle aunque no tengas cuenta zelle. Supon que tienes moneda nacional pero tienes que hacer un pago por Zelle. Lo primero que tienes que hacer es recargar tu cuenta Airtm subiendo desde tu cuenta bancaria en tu país hasta tu Airtm (fondear). Una vez tengas el saldo en tu plataforma retiras con la opción Zelle (retirar), la plataforma te conseguirá un operador con cuenta zelle que haga el pago a la cuenta zelle que tú le suministres y a cambio te los descontarán el saldo de tu plataforma Airtm.

Cobrar con Zelle aunque no tengas cuenta zelle. Es el mismo procedimiento anterior pero a la inversa. Deberás recargar (fondear) tu cuenta Airtm seleccionando la opción Zelle, así el sistema te proporcionará una cuenta zelle para recibir el pago, tú se la das a la persona que te va a pagar y una vez que el operador reciba el pago te aparecerá el saldo en tu plataforma Airtm, el cual podrás descargar en tu cuenta en tu país o usar directamente desde la plataforma.

Comprar bitcoins tiene la opción de convertir todo o parte de tu saldo en bircoins

Ganar dinero. Es lo más importante para lo que nos concierne. Airtm te dará un enlace personal único que compartiendo con referidos te permitirá, de por vida ganar dinero cada vez que ellos hagan transacciones, hay distintos tipos de comisiones y varían dependiendo de cómo la persona mueva su cuenta. El trabajo aquí consiste en promocionar la cuenta entre todos tus contactos y grupos, o a través de tus redes sociales o una web de captura y que miles de personas se suscriban a través de tu enlace. Poco a poco mes a mes irán creciendo tus ingresos pasivos por este concepto.

Amazon

Si estás en un nicho diferente y quiere promover productos físicos, entonces uno de los planes de afiliación más populares es el del gigante minorista Amazon (https://affiliate-program.amazon.com/

Con Amazon también puedes promocionar productos digitales como libros electrónicos o audio libros, por ejemplo.

Una cosa que notarás es que los porcentajes de comisión no suelen ser tan generosos, sin embargo también hay que tener en cuenta la enorme variedad de productos que venden, la popularidad de muchos de esos productos y el hecho de que muchos de ellos se venden al por menor a precios mucho más altos que los productos digitales.

Si además se tiene en cuenta que Amazon está considerada como una de las marcas más confiables del mundo y es fácil ver por qué se puede ganar mucho dinero promocionando los productos de Amazon como afiliado, especialmente si se estás en el nicho adecuado.

Como mencioné anteriormente, en este libro nos vamos a centrar principalmente en la promoción de los productos digitales, pero eso no significa que siempre se deban descartar los productos físicos porque es posible tener un gran éxito al promocionarlos.

Clickbank

http://www.clickbank.com

Clickbank ofrece productos digitales como libros electrónicos, cursos y programas de membresía digital. Como una de las grandes redes de mercadeo de afiliaciones, Clickbank te ofrece una gran variedad de productos que puedes promocionar, pero no se trata de nada físico.

La mejor manera de ver el tipo de producto en Clickbank es ir a su sitio web, y pasar algún tiempo navegando a través de los diferentes botones. Algunos de estos productos son de venta única (cobras una sola vez cuando lo vendes), mientras que otros te dan la oportunidad de ganar una comisión recurrente (por ejemplo, sitios de membresía mensual que cobran a la gente una cuota mensual por el acceso).

En cada producto encontrarás información detallada sobre el mismo, como una descripción del contenido del producto, por cuánto se vende y el porcentaje de comisión de venta.

Obtener tu enlace exclusivo de afiliado es fácil: sólo tienes que hacer clic en "promocionar" (promote) junto al producto elegido e introducir en el usuario de Clickbank que elegiste al crear tu cuenta.

Un enlace de afiliado cifrado, se generará automáticamente para ti. Lamentablemente, las comisiones de Clickbank no se pagan al instante, sino que recibes tu dinero una vez que tus comisiones han alcanzado un determinado umbral.

Clickbank no presta sus servicios para personas residenciadas en Venezuela.

JVZoo

http://www.jvzoo.com

JVZoo es una de las mayores redes de mercadeo de afiliaciones de pago instantáneo. Cuando promocionas algo en JVZoo y haces una venta, el dinero llega a tu cuenta de Paypal instantáneamente, lo cual es una de las cosas que lo hace tan popular.

Al igual que Clickbank y PayDotCom, verás que todos los productos que aparecen en JVZoo son productos digitales. También encontrarás una gran variedad, desde informes y cursos hasta software y plugins. JVZoo tiende a estar mayormente relacionado con el mercadeo por Internet - así que si estás buscando productos en otros nichos tal vez no sea el primer lugar donde buscarías.

PayDotCom

http://www.paydotcom.com

PayDotCom parece haber reducido su popularidad en los últimos años, sin embargo, sigue siendo una notable red de afiliados en el mundo de los productos digitales.

No tiene mucho sentido entrar en demasiados detalles sobre cómo funciona esta página, navega en la web, explora las diferentes opciones y entenderás fácilmente, es muy intuitiva, si es necesario usa el traductor automático de páginas web.

WarriorPlus

http://www.warriorplus.com

WarriorPlus es muy similar a JVZoo, excepto por una cosa: sólo se trata de Ofertas Especiales Warrior.

En caso de que no estés familiarizado con el Warrior Forum (http://www.warriorforum.com), es quizás el mayor foro de marketing en Internet que existe, un lugar donde los vendedores vienen a discutir sus negocios, estrategias y a establecer redes entre ellos. El Foro de Ofertas Especiales de Warrior (Foro WSO) es una sub-sección donde encontrarás miembros del foro vendiendo cursos y software relacionados con el mercadeo en internet - y encontrarás que muchas de estas ofertas se venden a través de la plataforma WarriorPlus.

Si estás en el nicho de la comercialización en Internet, entonces no encontrarás escasez de productos que puedas promocionar.

Selección de Productos

Una variable muy importante en la ecuación que nos va a permitir generar ingresos es la elección de productos para promocionar como afiliado.

Esta es una de las partes más importantes de ser afiliado, porque cuando eliges el producto correcto para promocionarlo, puedes ganar mucho dinero y tus clientes te amarán por ello también.

Por otro lado, si promocionas algo que no captura la imaginación de tu mercado objetivo, entonces probablemente no harás muchas ventas. Eso no es gran cosa, por supuesto, y es definitivamente cierto decir que nadie elige los productos adecuados para promocionar el 100% de las veces...

Para guardar tu reputación tienes que evitar promocionar productos que se vean atractivos, pero que en realidad son basura. Promover cosas malas es una manera segura de perder la confianza de tus prospectos y fracasar en tus empresas, por lo que es importante hacer lo mejor posible para elegir productos que tu audiencia encuentre atractivos Y que ofrezcan lo que tu audiencia realmente quiere.

Vayamos al grano y veamos cómo seleccionar los productos correctos.

Para empezar, dirígete a una de las redes de afiliados que acabamos de recomendar.

Echa un vistazo a los productos que parecen encajar en tu nicho y comprueba si te atraen.

Regla de oro número uno: Promociona el producto que le dará más valor a tus posibles clientes, NO el que crees que te hará ganar más dinero.

Hay una filosofía general compartida por muchos de los más exitosos vendedores y es que siempre debes poner los intereses de tus clientes por encima de los tuyos.

Déjame hacerte una pregunta. Si supieras con certeza que puedes promocionar un producto en particular y ganar 1.000 dólares en comisiones aunque supieras que el producto es una mierda, ¿lo promocionarías de todas formas?

La respuesta debería ser NO porque aunque puedas ganar mucho dinero por adelantado la gente no cometerá el error de confiar en ti nuevamente. En cierta forma lo que habrás hecho con tu cliente es estafarlo.

Si promocionas BUENOS productos y pones los intereses tus clientes por delante de los tuyos, entonces te ganarás la confianza de tus prospectos y la gente comprará, una y otra vez cuando vuelvas a promocionar algo.

Parte de ser un afiliado es ser un asesor de confianza. Digamos que utilizas el mercadeo por grupos de WhatsApp, de telegram y de facebook como la principal forma de dirigir el tráfico a las ofertas que estás promocionando como afiliado. Los miembros de estos grupos que leen tu aviso y se atreven a comprar lo que estás promocionado están confiando en ti. Hay miles de productos ahí fuera, en otros grupos de WhatsApp, en el mismo grupo o en el mundo físico, - algunos de estos productos son buenos, otros malos, y otros no son relevantes para tu audiencia. Si puedes promocionar por estos grupos productos que pueden ayudarlo genuinamente a sus miembros, o que ellos encontrarán útiles/interesantees/relevantes etc. entonces te estás caminando hacia el éxito.

"Así que si soy un asesor de confianza, ¿significa que tengo que comprar y revisar cada producto antes de promocionarlo?"

No, no necesariamente. Hay varias formas de evitar promocionar basura.

Aquí hay varios escenarios:

1. Compras un producto, te gusta y piensas que a tu nicho también le gustará, así que decides promocionarlo.

Ese es el escenario ideal porque:

a. La página de venta del producto o el listado fue lo suficientemente persuasivo como para hacer que lo compraras, y si lo compraste, entonces lo más probable es que otras personas también sientan el deseo de comprarlo.

b. Te gusta el producto y por eso le das una recomendación personal.

Pero no siempre querrás comprar cada producto antes de promocionarlo, así que....

2. Podrías pedir una copia de revisión.

Muchas personas que producen productos digitales estarán dispuestas a regalar una copia de revisión a los afiliados. Por lo tanto, puedes revisar el producto de forma gratuita y luego decidir si es algo que tu público querrá comprar y si puedes darle tu recomendación (o no).

3. Has comprado al mismo propietario del producto antes y sabes que te gustan sus productos.

Ok, es posible que te hayan gustado todos sus productos anteriores, pero el nuevo resulta ser malo. Es un riesgo leve, pero nueve de cada diez veces si te gustaban sus ofertas anteriores y pensabas que tenían valor, entonces el nuevo también lo hará.

4. Te das una opinión basada en las críticas.

Esta es la estrategia más arriesgada de todas, pero puede funcionar.

Digamos que estás alguien en quien confías te envían una publicidad promocionando un producto en particular. Confías en su recomendación, revisas las críticas y ves que son decentes y piensas que el producto encaja bien en tu nicho, así que decides promocionarlo sin verlo.

Lo más importante es elegir productos que encajen en tu nicho.

La tasa de conversión media de la oferta

Algunos productos pueden ser geniales, pero tienen una página de venta que es un asco, lo que significa que muy pocas personas realmente compran. Quieres buscar ofertas que se conviertan a un ritmo bastante decente... así que si un producto se convierte en un 70% entonces (en promedio) setenta de cada cien personas que ven el producto lo van a comprar. Si promocionas un producto que sólo se convierte en un 2% entonces claramente vas a hacer menos ventas, incluso con el mismo tráfico.

Obviamente, hay que tener en cuenta que las tasas de conversión varían mucho, incluso para un mismo producto y pueden depender en gran medida de la página o grupo donde se promocionan. Imagina la promoción de un curso de entrenamiento de perros en un grupo de ventas generales de WhatsApp. Claro, algunas de esas personas pueden tener perros pero probablemente no vas a hacer demasiadas ventas porque no está enfocado el nicho.

Del mismo modo, si promueves una oferta a un público "muerto" (por ejemplo, una lista de correo que has maltratado durante mucho tiempo al promoverles ofertas basura constantemente) entonces vas a lograr una tasa de conversión inferior a la media.

Así que, cuando se mira la tasa de conversión de un producto, hay que recordar que no siempre tus resultados van a coincidir con ella. A veces lograrás una tasa de conversión superior a la media y a veces será al revés.

Tampoco hay siempre una lógica en la tasa de conversión real que se alcanza. A veces, por ejemplo, promocionarás un producto realmente bueno que también tiene una buena tasa de conversión media y harás muy pocas ventas. No siempre hay una razón para ello - a veces una oferta sólo captura la imaginación de tus prospectos y a veces simplemente no lo hace.

No te preocupes demasiado por sus tasas de conversión reales en las promociones individuales. Claro, busca productos que tengan tasas de conversión promedio decentes, pero no des por sentado que esas son las tasas que realmente alcanzarás.

¿Cuál es la comisión porcentual - y cuánto equivale realmente por venta?

Si eliges entre dos productos de 10 dólares y el producto A te ofrece una comisión del 100% y el producto B sólo te ofrece el 50%, entonces la lógica dictaría que deberías promocionar el producto A....

PERO también tienes que tener en cuenta los reembolsos. Así que si el producto B resulta tener reembolsos en un 90% y ofrece un 100% de comisiones, mientras que el producto A sólo ofrece un 10% de comisiones pero solo tiene reembolsos en el 10% de los casos, entonces podrías ganar más dinero con el producto B, aunque te ofrece comisiones más bajas.

Recuerda también tener en cuenta el precio de venta. ¿Preferirías ganar el 100% de las comisiones de un producto de 5 dólares o el 10% de las comisiones de un producto de 1.000 dólares?

Tasas de Reembolso

Una tasa de reembolso alta indica que hay algo malo con el producto y que la gente no está contenta con sus compras por cualquier razón, así que toma una tasa de reembolso alta como señal de advertencia de que deberías evitar ese producto.

Comisiones recurrentes de los afiliados

Algunos productos cobran una cuota mensual por el acceso y así pagan comisiones mensuales recurrentes por el afiliado. Estos son muy buenos para tener en cuenta porque puedes hacer una venta una vez y que te paguen por ello una y otra vez. Acumula una cantidad decente de ventas en los productos de ingresos recurrentes y rápidamente puedes estar buscando un ingreso mensual bastante saludable.

¿Cómo es la página de ventas?

Siempre vale la pena echar un vistazo a la página de ventas/página de ofertas de cualquier cosa que consideres promocionar...

¿La página te atrae? ¿Te hace querer comprar o te desanima?

Es evidente que cada uno va a tener una opinión diferente, sin embargo, a menudo es posible obtener una "sensación" de si la oferta se ajusta bien a tu público y si va a ser persuadido por ella.

La página de ventas también es muy útil para ayudarte a elaborar tu promoción como afiliado. Al leerla deberías poder ver cuáles son los principales "puntos de venta" o beneficios del producto y por lo tanto estos pueden ser usados en tus materiales de promoción, ya sea un correo electrónico promocional a tu lista, grupos de WhatsApp u otros, te servirá para una revisión del producto, una entrada en el blog, etc.

El Dinero en la Lista

Como comercializador afiliado, construir una lista de prospectos es fundamental para tu éxito. Ciertamente hay otras formas de hacer ventas de afiliados pero muchos dirían que hacerlo a través de una lista de correo electrónico puede ser una de las más efectivas - y aquí está la razón...

Una lista de correo electrónico literalmente te permite ganar dinero de golpe. Una vez que tienes una lista, puedes simplemente encontrar un producto relevante para promocionar, escribir un email, presionar enviar y hacer ventas instantáneas. También funciona con listas de WhatsApp. Esto será una realidad una vez que tengas una lista de tamaño decente de los posibles objetivos.

Cómo construir una lista de correos (o de WhatsApp).

Lo primero es conseguir algo que puedas regalar (puede ser un producto digital, a cambio de que la gente se apunte a tu lista...

Puede ser un informe gratuito, un curso en vídeo, uno o varios libros digitales, etc.

Sea lo que sea, debe ser muy atractivo para la gente de tu nicho. Quieres que la gente esté desesperada por unirse a tu lista para poder conseguir tu regalo, así que vale la pena invertir tiempo en crear o encontrar un gran producto para regalar, no es pérdida, es una inversión. Puedes crearlo tú mismo o encontrar un producto de buena calidad que venga con Derechos de Etiqueta Privada (PLR por sus siglas en inglés) o Derechos de Reventa.

Lo bueno de los productos digitales es que podrás regalarlo infinitas veces y seguirás teniéndolo (como la canción del real y medio). Una vez que el producto digital a regalar, deberás crear una página de captación. Se trata de un simple sitio web de una sola página en el que le dices a la gente cuál es tu oferta gratuita, junto con una sección en la que introducen su nombre y dirección de correo electrónico.

La mayoría de las páginas de captación siguen un formato bastante similar, así que echa un vistazo a otras de su nicho para hacerse una idea de cómo son.

Se trata de una web sencilla que diga algo así como "descubre los secretos para enamorar a la persona que quieras" y la foto de un libro con un título sobre la materia con un breve resumen de los puntos que contiene, luego una cajita donde diga algo como "ingrese sus datos en el formulario a continuación para descargar el libro de manera gratuita. Nos comprometemos legalmente a no vender ni compartir sus datos con nadie". Y allí se le soliciten nombre y correo electrónico, estos datos deben llegar directamente a tu correo electrónico y le envías el regalo, pero además vas anotando todos los correos que te llegan para armar tu lista y a ellos será quienes les envíes los productos digitales que estás vendiendo, y que deben estar relacionados con lo que regalaste.

Vale la pena mencionar en este punto que para construir una lista necesitarás registrarte en un servicio de respuesta automática como Aweber o Get Response. Estos servicios te ofrecen todas las herramientas que necesitas para capturar y almacenar direcciones de correo electrónico y para enviarles correos electrónicos una vez que hayas creado tu lista. También lo puedes hacer manual con una nota que diga algo así como "para recibir tu regalo escribe un correo electrónico a (tu correo electrónico) con el asunto o "subject" "Me apunto en la lista" solicitando tu regalo. Y listo.

Una vez más, este regalo podría ser tu propio producto, - pero lo que decidas tiene sentido si tienes para ofrecer a la venta uno o varios productos relacionados los que se inscriban en tu lista. Los productos para vender los vas a conseguir en las web arriba detalladas.

Les has atraído lo suficiente como para convencerles de que te den su dirección de correo electrónico, así que hay una buena posibilidad de que también estén dispuestos a comprar algo. La mayoría no comprará, por supuesto, pero un porcentaje sí lo hará y, por tanto, tendrás un pequeño ingreso que irá creciendo indefinidamente a medida que tu lista crezca y que aumentes la oferta de productos.

También tendrás que crear una página de descarga (una página sencilla en la que se agradece a los usuarios que se hayan inscrito y se les proporciona el enlace para descargar su regalo).

Lo que estás haciendo aquí es construir un simple embudo de ventas. Se apuntarán las personas interesadas en ese nicho y así irás armando tu lista. No vamos a cubrir la construcción de la lista de manera exhaustiva en este libro porque hay un montón de guías gratuitas en línea para la construcción de la listas.

El punto que debe ser enfatizado, sin embargo, es que la construcción de una lista es bastante esencial para cualquier propietario de un negocio en línea y es un activo particularmente valioso para nosotros como comerciantes afiliados.

Conseguir que la gente se suscriba a tu lista

Una vez que hayas construido página de captación de suscriptores, tendrás que enviarle tráfico.

Probablemente hay cientos de maneras diferentes de hacer esto, incluyendo el pago a los planes ads de google, Facebook, Instagram, twitter y otros, los anuncios de Facebook, el mercadeo en foros, las publicaciones gratuitas en tus redes sociales, grupos de mensajería instantánea como WhatsApp y Telegram, a vinculación de tu página de captación de suscriptores a tu blog, etc.

Si estás empezando y puedes permitirte el lujo de gastar un poco de dinero en la publicidad, entonces muchas personas recomiendan los anuncios Ad (publicidad paga en google y redes sociales).

También puedes pagar a alguien que ya tiene una lista para que envíe un mensaje a sus suscriptores promocionando tu lista y oferta gratuita. Esta, será a futuro otra forma que tendrás de ganar dinero. Esta forma de captar suscriptores y los anuncios pagos a las redes sociales y buscadores es popular entre muchas porque pueden darte la oportunidad de construir tu lista muy rápidamente...

La mayoría de los vendedores que tienen listas y prestan el servicio de recomendarte en ellos te ofrecerán un cierto número de suscritos garantizados. Por lo tanto, si alguien le garantiza 200 suscritos desde su lista y su página de captación convierte en promedio al 45%, entonces vas a obtener 90 nuevas personas que se unen a tu lista. Una vez que has pagado por el servicio obtendrás tráfico con bastante rapidez, por lo que es posible construir una lista de cientos o incluso miles de personas en cuestión de días.

Obviamente, este servicio cuesta dinero. Pero si tú ya tienes productos que ofrecer entonces podrás recuperar el costo de los anuncios e incluso comenzar a ganar. A menudo no recuperarás los costes iniciales en corto tiempo, pero tendrás una lista a la que podrás vender durante años.

Un aspecto clave para tener éxito con este servicio es conocer las cifras, especialmente las tasas de conversión de quien te ofrece el servicio...

Si conoces la tasa de conversión media de tu página de captación y de las ofertas de tus productos, podrás calcular cuánto puede gastar en anuncios individuales.

Es importante TESTAR a fondo tu embudo para poder mejorarlo. Puede realizar pruebas de división de diferentes ofertas y averiguar cuáles convierten mejor...

Tomemos el siguiente ejemplo:

Tienes un libro gratuito que estás regalando para construir tu lista y haces dos páginas diferentes captando suscriptores.

Haces una simple prueba de división 50/50 en tu oferta, lo que significa simplemente que envías el 50% de tu tráfico a una página de las páginas y el otro 50% a la otra (hay muchas herramientas que te permiten hacer esto).

Compras una lista con 200 clics garantizados, por lo que 100 de esas personas verán la primera página y 100 verán la segunda.

Una vez realizada la prueba, descubres que la primera página de captación convierte en un 32% (es decir, 32 personas se suscriben) y la segunda convierte en un 48% (es decir, 48 personas se suscriben).

Como puede ver, la segunda página de captación convirtió a un ritmo mucho mayor que la primera...

Así que imagínate si no te hubieras molestado en hacer pruebas y hubiera lanzado simplemente la página de captación número uno. Habrías perdido unos cuantos suscriptores, y a medida que compraras más y más listas perderías aún más.

POR FAVOR, haz pruebas porque tus posibilidades de éxito serán mucho mayores :)

Adswaps

Una vez que haya construido tu lista hasta un cierto tamaño utilizando anuncios y servicios de suscripción a listas, entonces podría considerar pasar a los adswaps...

Estos suelen funcionar exactamente igual que los pagos para listas, sólo que en lugar de pagar dinero para que la otra persona envíe tu oferta, tú simplemente le devuelves el favor y envías su oferta a tu lista.

En el caso de los adswaps, es obvio que hay que tener una lista en primer lugar, por lo que podría ser una buena idea empezar construyendo tu lista y luego pasar a los adswaps una vez que ya la tengas.

¿Dónde puedo comprar listas o encontrar adswaps?

No hay escasez de lugares en línea donde puedes encontrar listas y adswaps, especialmente si estás en el nicho de mercadeo por Internet.

Dos lugares para empezar podrían ser

http://www.safe-swaps.com

y http://www.warriorforum.com

Sin embargo nuestra recomendación personal es que no compres listas de correos sino que la armes tú mismo y una buena forma es a através de las páginas web de captura, también puede ser a través de post donde solicites a las personas interesadas en recibir tu regalo que te manden su nombre y correo. Las razones por las cuales no recomendamos comprar listas de correo son las siguientes:

- La mayoría de los proveedores de servicios de mercadeo por correo electrónico de buena reputación no aprueban estas listas. Ni siquiera permitirán enviar mensajes desde su campaña a correos electrónicos que provienen de una lista comprada.
- Comprar una lista de correos se aleja del camino del buen mercadeo. Como empresa, se supone que debes utilizar estrategias de mercadeo para acercarte a tus clientes, entender sus intereses, comunicarles y brindarles una experiencia que acerque tu marca a sus vidas. Enviar correos electrónicos no solicitados a personas que ni siquiera han tenido contacto contigo no es buena idea.
- Estas listas dañarán el alcance de tus correos electrónicos y tu imagen como asesor o marca personal. Generarán una tasa de rebote mucho mayor porque las personas que reciben tus mensajes no los solicitaron personalmente. Esto probablemente dejará sus

correos electrónicos en "correo basura", siendo denunciado como SPAM y marcando negativamente la reputación de tu empresa.
- Los usuarios de estas listas no quieren recibir tus correos electrónicos. Es decir, realmente ninguna persona de la lista te sumiistró su dirección de correo electrónico de forma voluntaria y por lo tanto no te ha autorizado a escribirle.

¿No tienes dinero para gastar en publicidad?

Si estás tratando de construir tu lista y no tienes dinero para gastar entonces hay otras opciones.

Una buena estrategia puede ser el mercadeo en foros en tu nicho. Regístrate en todos los foros en tu nicho que encuentres y publica en esos sitios incluyendo en tu firma un enlace a tu página de captación de suscriptores. Estos foros son gratuitos y hay virtualmente infinitos de ellos.

El mercadeo en foros funciona bien para mucha gente, aunque tienes que asegurarte de que tu estrategia es la correcta...

La clave del mercadeo en foros es olvidarte de que estás allí para promocionar tu página de captación. En su lugar, simplemente debes participar en las conversaciones del foro y convertirse en un miembro activo de la comunidad. Demuestra tus conocimiento en la materia pero NUNCA menciones tu página de captación de suscriptores ni ninguno de tus productos. El enlace de su firma hará la "venta" por ti porque la gente verá tus publicaciones, quedará impresionada por tus conocimientos y por lo tanto decidirá hacer clic en el enlace de tu firma, lo que los llevará a tu página de suscripciones.

NOTA: siempre es importante comprobar las reglas del foro y establecer si permiten los enlaces de firma a sitios web externos porque algunos no lo permiten.

Promover productos de otros afiliados en tu lista

Bien, ya tienes una lista o estás en camino de construir una...

La forma de ganar dinero como afiliado es dar a conocer a los miembros de tu lista los productos que recomiendas, y eso significa enviarles correos electrónicos promocionales (en caso de que sea una lista de correos electrónicos, pero recuerda que también puede ser WhatsApp, télegram, etc.

Como hemos hablado antes, uno de los aspectos claves de ser propietario de una lista es convertirse en un "asesor de confianza". La gente de tu lista te ve como un experto y cuando les envías un correo electrónico diciendo "ve y compra este producto" entonces están confiando en tu criterio - por lo que necesitas seleccionar cuidadosamente los productos que promueves, como ya hemos comentado.

Si has hecho eso - y estás recomendando genuinamente productos que crees que ayudarán a la gente de tu lista - entonces no deberías tener un problema o "sentirte mal" por vender a la gente de tu lista.

Pero aquí hay una advertencia rápida...

Cuando envías correo a la gente promocionando algún producto, algunos se molestan. Es un hecho de la vida y no hay nada que puedas hacer al respecto, debes estar preparado para esto. Algunas personas parecen pensar que tu único trabajo en la vida es proporcionarles información gratuita y se molestan si hay algún producto de pago.

Si a la gente no le gustan los correos electrónicos que les envías o se sienten "molestos" porque les estás vendiendo, simplemente pueden ir y darse de baja, para ello incluirás la opción de notificarte que se quieren dar de baja. De todos modos, no quieres a ese tipo de personas en tu lista ya que para ti son direcciones basura (no comprarán nunca).

Pero aunque no deberías tener problemas con vender a tu lista (es la forma de ganar dinero) también tienes que recordar que necesitas proporcionar un equilibrio entre la venta y la entrega de contenido gratuito... Al final del día tienes que dar a la gente una razón para permanecer en tu lista - así que al igual que un programa de televisión no puede mostrar anuncios todo el día sin ningún programa, entonces no puedes simplemente enviar un correo electrónico de promoción tras otro sin ningún contenido. Algunas personas lo hacen, pero este tipo de vendedores queman sus listas muy rápidamente y se basan en conseguir constantemente nuevas personas en sus listas en grandes cantidades para reemplazar a los que se hartaron de recibir publicidad todo el tiempo.

No hay nada necesariamente malo en la estrategia anterior, pero definitivamente no es la única estrategia.

Consejo: estudia cómo otros vendedores se dirigen a su lista

Aunque ganar dinero con una lista puede ser tan sencillo como copiar, pegar y pulsar enviar para ver cómo llegan las ventas, la realidad es que tienes que elaborar cuidadosamente los correos electrónicos que envías.

Antes de seguir adelante, te aconsejamos que dediques tiempo a estudiar cómo lo hacen otros vendedores de más experiencia que ya estén cosechando éxitos...

Apúntate a las listas de otras personas de tu nicho y estudia cómo son los correos electrónicos que envían.

¿Qué colocan en el "asunto" del correo?

¿De qué forma en que está escrito el cuerpo principal?

¿Qué productos de afiliación promueven?

¿Con qué frecuencia envían correos electrónicos a su lista?

¿Cuánto contenido gratuito dan y cuánto venden?

Dedica tiempo a estudiar y observar a diferentes profesionales del mercadeo y podrás aprender muchísimo. Cada vendedor tiene un estilo y una forma diferente de escribir los correos electrónicos y mensajes, así que ¿cuál es el que más te atrae? ¿cuál se adapta más a tu personalidad y forma de ser? Considera la posibilidad de seleccionar dos o tres vendedores diferentes cuyos correos electrónicos te gusten especialmente y observa atentamente cómo hacen las cosas. Luego sigue el modelo y adáptalo a ti y a tu nicho.

Cómo redactar un correo electrónico de promoción

Por lo tanto, tendrás que enviar contenido a las personas, pero también tendrá que venderles.

Lo primero que hay que tener en cuenta al escribir un correo electrónico es la línea de asunto (subject en inglés).

El asunto es la única oportunidad que tienes de conseguir que la gente abra tu correo electrónico, y si no lo abren no pueden realizar una compra, así que es importante que lo hagas bien.

Una cosa que hay que evitar son las líneas de asunto spam, evita enviar un asunto o correo en inglés si tu objetivo tiene español como lengua cotidiana porque el correo electrónico puede detectarlo como spam...

Alguna vez has visto en tu bandeja de entrada correos electrónicos como...

"Reclama tu premio en efectivo" o "Tu pago está esperando" o "Te ganaste la lotería"

Siempre son basura, ¿verdad? Cuando uno ve estos mensajes piensa inmediatamente en SPAM. Puede que en el pasado funcionaran, pero hoy en día la mayoría de la gente es consciente de estas tácticas y, en general, la mayoría de la gente estará de acuerdo en que sólo sirven para cabrear a la gente...

La cuestión es si la gente lee el cuerpo de tu correo electrónico y lo que estás promocionando no tiene nada que ver con el "asunto" lo más probable es que se moleste por el engaño.

Siguiendo el consejo que hemos dado antes, te recomendamos que vayas a tu bandeja de entrada y eches un vistazo a cómo escriben sus líneas de asunto tus vendedores favoritos. ¿Qué es lo que te intriga pero no te molesta al mismo tiempo?

Es bueno añadir un poco de misterio a las líneas de asunto porque, al fin y al cabo, no quieres desvelar todo el juego porque quieres que abran el correo electrónico real y lean el cuerpo del texto, pero al mismo tiempo tus líneas de asunto no deberían ser tan irrelevantes que no tengan absolutamente nada que ver con el contenido de tu correo electrónico. Se trata de encontrar el equilibrio adecuado.

Una vez escrita la línea de asunto, lo siguiente es pensar en el cuerpo del correo electrónico.

Obviamente, tu trabajo aquí es conseguir que la gente haga clic en tu enlace de afiliado y aterrice en la página del producto.

El mayor consejo que podemos tarde es que seas tú mismo. Dale a tus correos electrónicos promocionales un trozo de "ti", un poco de tu personalidad.

Aunque recomendamos encarecidamente estudiar los correos electrónicos promocionales de otros vendedores y aprender de cómo hacen las cosas, nunca hay que copiarlos.

Echa un vistazo a casi todos los mejores vendedores y te darás cuenta de que todos tienen su propio estilo.

A menudo verás a varios vendedores promoviendo el mismo producto, pero cada uno lo hará de una manera completamente diferente.

Algunos vendedores tienen ciertas palabras de moda que les gusta usar. Otros siempre estructuran su contenido de correo electrónico de una manera determinada. Encuentra tu propio estilo y no tengas miedo de experimentar un poco.

Hemos mencionado antes que parte de ser un Affiliate Marketer (vendedor afiliado que promociona productos con enlaces) es convertirse en un asesor de confianza - y eso definitivamente entra en juego al escribir tus correos electrónicos de promoción...

Antes de escribir una sola palabra de tu correo electrónico, dedica algún tiempo a estudiar el producto y la página de ventas. ¿Qué es lo que te gusta? ¿Qué es lo que no te gusta?

Luego puedes dar tu opinión sobre estas cosas en el correo electrónico. Así que - podrías decir algo como:

"Compré este producto ayer y pasé un rato esta tarde revisándolo. A primera vista, verás que la página de ventas es bastante exagerada (haz clic aquí para verla), pero más allá de eso, este es un producto realmente bueno del que creo que muchos de ustedes se beneficiarán.", por ejemplo.

¿Te das cuenta de que al escribir cosas como te estás diferenciando de todos porque estás dando tu opinión personal? Y esa es la clave. Ser sincero y diferenciarte de todos los demás.

Tampoco tengas miedo de señalar los aspectos negativos. Por ejemplo, puede ser que compruebes un producto y veas que no es tan detallado como esperabas. Entonces, podrías decir algo como:

"Al principio, al ver este libro en la página de ventas, esperaba un producto de información detallado paso a paso, pero cuando empecé a leerlo, descubrí que no era así. Si estás buscando un libro que te explique el método de trabajo paso a paso, probablemente éste no sea tu libro, pero lo que sí te puedo garantizar es uno de esos libros que leerás y te dejará muy motivado. Me gustaría que pudieras leerlo en menos de una semana, yo lo leí de un tirón. Te garantizo que al terminarlo estarás sonriendo porque la historia del autor es muy inspiradora, y desafío a cualquiera a no sentirse motivado por ella".

Dentro de cualquier correo electrónico promocional habrá una fuerte llamada a la acción, así que algo como:

"Haz clic aquí AHORA para comprobarlo" o "Puedes obtener todos los detalles en el siguiente enlace".

Blogueo para las ventas de afiliados

No descartes el blogueo como forma de hacer ventas de afiliados. Comenzar un blog de nicho, construir una audiencia y enviarla a ofertas de afiliados puede ciertamente funcionar bien para muchas personas.

Hay algunas estrategias de blogueo diferentes cuando se quiere hacer ventas de afiliados, pero aquí vamos a cubrir sólo dos...

Anuncios publicitarios

La primera manera de hacer anuncios publicitarios es la colocación de banners publicitarios en tu blog. La gente viene, lee las entradas de tu blog y ve tus banners publicitarios.

Muchos vendedores de productos elaboran posts para animar a la gente a promocionar sus productos en sus blogs, por lo que a menudo se trata simplemente de escoger los banners, copiarlos y pegarlos en tu blog y luego enlazarlos con tu enlace de afiliado.

Cada vez que alguien haga clic en los banners y realice una compra, te pagarán.

Publicaciones de Revisión de Blog

Una vez más, se trata de ser un asesor de confianza. Simplemente escribes una entrada en tu blog con una reseña de un producto específico y luego, en la firma, agregas tu enlace de afiliado para que la gente pueda comprar.

La cuestión es que la mayoría de la gente buscará en Internet reseñas antes de comprar un producto, creo que todos nos hemos dirigido a Google y hemos escrito algo como "reseña del nombre del producto" antes de desprendernos de nuestro dinero duramente ganado, por lo que las publicaciones de reseñas en el blog son una forma excelente de sacar provecho de ello.

El elemento más importante de escribir una reseña en un blog es dar una reseña totalmente honesta. Olvídate de que estás tratando de hacer ventas de afiliados y, en cambio, escribe una opinión imparcial que cualquier persona que esté considerando comprar el producto encontrará útil.

¿Qué te gusta?

¿Qué no te gusta?

Enumera esos puntos en tu reseña (TODOS los productos tienen aspectos negativos) y luego saca una conclusión de por qué la persona debería comprar el producto a pesar de esos aspectos negativos.

El clásico error de la gente es insistir sólo en los puntos positivos, pero esto va en contra de ti porque la gente verá tu reseña y desconfiará porque pensará que simplemente estás tratando de ganar una comisión. Si hablas también de los aspectos negativos del producto, aumentarás tu credibilidad, y recuerda que todos los productos tienen algo que no es perfecto.

Impulsar las ventas de los afiliados

El mercadeo de afiliación puede ser un negocio difícil, ya que a menudo compite por las ventas con muchos otros afiliados que promocionan el mismo producto.

Por esta razón, a veces querrás hacer algo para destacarte un poco de la competencia, lo que a veces puede valer la pena hacer si estás promoviendo un artículo de mayor precio.

Sé tú mismo y conviértete en asesor

Sí - hemos insistido bastante en esto en este libro, sin embargo es realmente una buena manera de diferenciarse de la competencia.

Muchos afiliados son perezosos y envían el correo electrónico promocional que les ha proporcionado el propietario del producto. Si puedes ser un poco diferente y poner tu personalidad y opiniones en tu mercadeo de afiliación, entonces realmente puedes marcar la diferencia que necesitas para destacarte.

Planifica bien tu promoción

A veces, la decisión de la gente entre comprar a través de tu enlace de afiliado y el de otra persona se reduce puramente a la oportunidad. Esto es especialmente cierto en el caso del mercadeo por correo electrónico: si ven el correo electrónico de otra persona antes que el tuyo, es posible que ya lo hayan comprado en el momento en que tu correo electrónico llegue a su bandeja de entrada...

Por tanto, promocionar lo antes posible puede ser una buena estrategia. Cuanto más tiempo pase desde el lanzamiento, más posibilidades hay de que la gente haya comprado a otra persona y por lo tanto menos posibilidades tendrás tú de vender.

Sin embargo y contradictoriamente, dejarlo para unos días después, a veces, puede ser una estrategia eficaz. En ocasiones la gente ve un lanzamiento, echa un vistazo a la oferta y decide no comprar por la razón que sea, orgullo, no tiene dinero en el momento, lo está pensando... Luego, a las pocas semanas vuelven a ver el producto, cambian de opinión y compran. Por lo tanto, promocionando un tiempo después de los demás, a veces se puede "limpiar" a algunas de las personas que inicialmente estaban indecisas.

Bonificaciones

Ofrecer una bonificación adicional al comprador puede ser especialmente relevante cuando se promocionan artículos de alto precio porque el gasto o esfuerzo adicional que conlleva se justifica con el cobro de altas comisiones si se realizan ventas.

Básicamente, tú dices "si compras a través de mi enlace, te ofrezco ESTO gratis".

Tu bono podría ser cualquier cosa realmente - un libro electrónico, una sesión de coaching, consultoría, etc.

La clave es que sea algo relevante para la oferta principal - y cuanto más valioso sea el bono, más probable será que compren a través de tu enlace de afiliado.

Conclusión

Sinceramente, no hace falta ser un genio para conseguir ventas como afiliado. Se trata de seleccionar el producto adecuado y luego promoverlo a las personas adecuadas, de la manera correcta...

Espero que este libro te ayude a hacerlo. Hagas lo que hagas ahora, asegúrate de ser paciente y persistente, la constancia es en este negocio, como un muchos, la clave del éxito.

A pesar de que el mercadeo de afiliación es una de las maneras más fáciles de hacer dinero en línea, no obstante requiere un esfuerzo considerable para tener éxito. No te quedes a mitad de camino, insiste y construye tu lista, selecciona tus productos y promociona.

A medida que adquieras más experiencia como vendedor afiliado, empezarás a aprender y a tener una sensación de lo que funciona y lo que no.

Ahora, ve y ponte a vender

¡Te deseamos mucho éxito!

Recuerda calificarme en Amazon. Gracias por leerme y que te sea de provecho.